5 Passos Essenciais Para Ser Rico

Dedico esse livro ao meu tio Humberto que foi o meu primeiro exemplo de bom administrador do seu dinheiro.

A promessa desse livro

Muitas pessoas dizem que querem ser ricas, mas não sabem o que fazer para alcançar esse objetivo. Esse livro vai ajudar você a entender que existe um processo para alcançar sua independência financeira. Se você seguir esse processo, você - como muitos outros – vai desfrutar dos benefícios que o dinheiro pode trazer.

Eu aprendi esse processo lendo autores americanos tais como Brian Tracy, Zig Ziglar e Dave Ramsey. Esses autores são peritos no assunto de acumular riqueza. Cada um deles teve grandes problemas financeiros ao ponto de não conseguirem pagar pelas necessidades básicas como comida e moradia. Eles conseguiram ficar ricos seguindo os mesmos passos que descrevo nesse livro. Esse processo funcionou para eles, funcionou para muitas pessoas e vai funcionar para você.

Desde já quero dizer que ficar rico não é uma questão de mágica e também não é "fácil" - principalmente no Brasil onde o governo sempre quer uma porção maior do seu dinheiro. Se ficar rico fosse fácil, todo mundo seria rico. Então, desde já vamos tirar da cabeça a ideia de que esse é um processo fácil. Tudo na vida que tem algum valor, requer esforço, perseverança e dedicação.

Pense comigo: é mais fácil ser gordo ou ser magro? É mais fácil estudar ou assistir televisão? É mais fácil dormir ou trabalhar? É mais fácil ser rico ou pobre? Ser rico não é fácil, mas é possível e vale toda dedicação e esforço para chegar lá.

Um outro aviso importante: ao seguir o processo descrito nesse livro, você vai se tornar uma pessoa diferente. Se você está preparado para uma versão aprimorada de você mesmo, então esse livro é para você.

Se você não estiver disposto a mudar, a melhorar e a se transformar para poder alcançar sua independência financeira, recomendo que você não leia esse livro. Ligue a televisão e assista novela.

Mas se você realmente quer ficar rico, você vai precisar de um caderno e uma caneta.

Pegue-os agora e vamos começar. Sua independência financeira o espera.

Passo 1 : Reflexão

Pegue seu caderno e escreva nele a resposta para essa pergunta: Por que eu quero ser rico? A resposta vai variar de pessoa para pessoa. Você pode querer ser rico porque cresceu pobre e não teve as roupas legais ou brinquedos interessantes que outras crianças tiveram. Ou, pode ser que você queira ser rico para sustentar um trabalho filantrópico. Ou ainda, você pode querer ser rico para poder dar aos seus filhos um futuro melhor.

Saiba desde agora o motivo porque você quer ser rico. Complete essa frase e escreva no seu caderno: "Eu quero ser rico porque...."

É importante ter essa clareza sobre sua motivação, pois quando o processo de se tornar rico ficar chato, pesado e cansativo, você vai encontrar motivação nas respostas que deu para essa pergunta.

Por exemplo, eu resolvi que queria ficar rica para poder cuidar financeiramente da minha mãe, para poder comprar a roupa da marca que eu quiser, para poder viajar e conhecer lugares diferentes, e para não precisar preocupar com dinheiro no caso de uma emergência. Meu objetivo era ter dinheiro suficiente para ter liberdade emocional ao invés do constante estresse e preocupação a respeito da falta de dinheiro.

Qual é a sua motivação para ficar rico? O que você vai fazer com o dinheiro que conseguir acumular? Escreva suas respostas detalhadamente.

Para concluir essa reflexão, você precisa responder outra pergunta. Quanto dinheiro preciso ter para me sentir rico? Qual é esse número para você? Dez mil reais? Cem mil reais? Um milhão de reais? Qual é o saldo que você gostaria de ter na sua conta bancária?

Mais uma vez, a resposta vai variar de pessoa para pessoa. Alguém pode sentir-se rico vivendo sem dívidas e com uma conta bancária de dez mil reais. Outros, não ficarão contentes a não ser que tenham milhões. Se seu objetivo é ter milhões, não tem problema, esse processo vai ajudá-lo a chegar lá.

Não fique acanhado. Decida qual é o seu objetivo, complete essa frase e escreva no seu caderno: "Eu vou me sentir rico quando eu não tiver dívidas e quando o saldo da minha conta bancária for...."

Pare, pense e anote suas respostas no seu caderno. Prossiga para o próximo passo só depois que você tiver completado essas tarefas.

MUITO IMPORTANTE: Se você é casado, converse com seu cônjuge sobre sua decisão de ser rico. Decidam juntos a embarcar nesse processo. Decidam juntos que vocês querem ficar ricos. É muito importante que seu cônjuge seja seu aliado nessa decisão, pois esse processo vai afetar toda sua família. Se seus filhos têm idade suficiente para entender a situação ao redor deles, inclua-os nesse processo também. Tenha uma conversa aberta e peça a ajuda deles. Sua família ficará rica bem mais rápido se todos os membros da família estiverem comprometidos a seguir esse processo.

Passo 2: A Boa Notícia

O primeiro passo nesse processo é saber o porquê você quer ser rico.

O segundo passo consiste em saber exatamente quanto dinheiro você tem hoje. Faça um levantamento da sua receita mensal e do valor dos seus bens.

É importante fazer esse levantamento para saber sua situação atual. Completando o passo 1, você sabe onde quer chegar. Completando o passo 2, você vai saber onde você está. Se eu quero chegar até a cidade de Brasília, saber se estou em São Paulo ou Goiânia faz toda diferença, pois vou saber quão perto estou do meu destino.

Vamos supor que você queira ser milionário e que você acredita que não tem nada. Ao fazer o levantamento nesse passo 2, você descobre que seu carro vale quinze mil reais e sua casa vale duzentos mil reais. Ao somar esses dois valores você verá que está mais perto do que pensou para alcançar seu objetivo.

Para facilitar o seu levantamento, veja a lista abaixo. Anote no seu caderno sua receita mensal proveniente de:

Salário

Bônus Salarial

Vale Transporte

Vale Refeição

Gorjeta

Décimo Terceiro

Dinheiro recebido por prestação de serviços

Dinheiro recebido como presente de natal, aniversário, etc. e todos os outros recursos financeiros que você recebe com certa frequência, seja mensal ou anual.

Faça também a lista dos bens que você já tem:

Saldo atual da conta bancária

Valor de investimentos e poupança

Valor do carro

Valor da casa que já está paga

Valor de joias e outros pertences que você poderia vender se precisasse de dinheiro para uma emergência de saúde.

Procure na internet uma planilha de receita mensal se você preferir. As planilhas que você vai encontrar podem relacionar outras fontes de renda financeira que não inclui na lista acima.

Saber quanto dinheiro você recebe mensalmente e quanto dinheiro (ou patrimônio) você já tem é o segundo passo. Anote no seu caderno:

Minha receita mensal é de .... e todo meu patrimônio hoje é de...

Veja que eu não relacionei itens que você poderá receber no futuro tais como herança. Dinheiro de herança não é seu. É da pessoa que trabalhou e juntou. Não conte com esse valor e não o inclua no seu cálculo.

Agora que você já sabe quanto dinheiro você tem, vamos ao terceiro passo.

Passo 3: A Notícia Que Não É Tão Boa

O primeiro passo nesse processo é saber o porquê você quer ser rico.

O segundo passo consiste em saber exatamente quanto dinheiro você tem hoje.

O terceiro passo é importantíssimo nesse processo – saber quanto você gasta e quanto você deve.

É nesse passo que você descobre onde seu dinheiro está sendo gasto. Nesse passo, você vai anotar TODOS os gastos que você conseguir lembrar – gastos mensais e gastos esporádicos tais como presentes para amigos ou parentes.

Para REALMENTE saber quanto você gasta, vai ser preciso MUITA honestidade com você mesmo. Seja bem objetivo e honesto quando estiver fazendo a lista de quanto você gasta no dia-a-dia. Assim como no segundo passo, nesse terceiro passo você vai anotar a lista de gasto no seu caderno.

Transforme em valor mensal aquelas despesas que você paga trimestralmente ou anualmente. Por exemplo, se você paga mil reais por ano pelo imposto da casa, então divida esse valor em 12 meses e anote o valor mensal na sua lista de gastos abaixo. Se a cada três meses você paga o seguro do carro, então divida o valor pago por 3 e anote o valor mensal na sua lista de gastos.

Veja a lista abaixo para facilitar e anote quanto você gasta mensalmente com:

Gastos Mensais	Valor
Aluguel	
Financiamento da casa ou apartamento	
Condomínio	
IPTU	
Ajudante doméstica	
Jardineiro	
Água	
Energia	
Telefone	
Internet	
TV a cabo	
Financiamento do carro	
Seguro do carro	
Limpeza do carro	
IPVA	
Gasolina	
Estacionamento	
Supermercado/Alimentação	
Alimentação fora de casa (restaurante, etc)	

Plano de Saúde

Médico

Remédio ou vitaminas

Dentista

Oculista

Escola para você ou seus filhos

Livros e materiais escolares

Despesas com animais de estimação

Roupa, sapatos, bolsas, e outros ítens de vestuário

Viagens de férias

Cinema, festas, shows e outras diversões

Presentes para amigos e parentes

Salão de beleza, corte de cabelo, etc.

Acrescente nessa lista outros gastos que eu tenha esquecido.

Saiba também quanto você deve. Todos os ítens que você comprou e ainda não pagou completamente fazem parte da sua dívida. Essa dívida inclui:

Dívidas	Valor
Quanto você ainda deve para quitar sua casa ou apartamento	
Quanto você ainda deve para quitar o seu carro	
Quanto você deve no cartão de crédito ou cheque especial	
Pagamento de financiamento de outros ítems tais como jóias, TV e outros eletrodomésticos	
Dinheiro que você pegou emprestado com parentes ou amigos	

Anote todas as dívidas que você lembrar e que não estão relacionadas aqui.

Agora pare e releia sua lista. Analise seus gastos e suas dívidas. Você teve alguma surpresa?

Recentemente eu ajudei uma amiga a fazer esse levantamento. Anotamos todos os gastos mensais e esporádicos que ela conseguiu lembrar. A maior surpresa para ela foi descobrir o quanto estava gastando com restaurantes.

Quando eu fiz esse exercício pela primeira vez, o financiamento da casa era o ítem mais caro no orçamento da nossa família e o segundo mais caro era quanto gastávamos com viagens.

Analise seus gastos. Quais são as categorias em que você está gastando mais dinheiro? Esses gastos são necessários, tais como o financiamento da casa ou são luxo, tais como minhas viagens?

O cantor Michael Jackson morreu pobre. Apesar de ganhar muito dinheiro com shows e venda de suas músicas, ele gastava tudo o que ganhava. O fato dele morrer pobre virou manchete na revista Forbes e no jornal New York Times. A matemática é simples. Se eu ganho dez mil reais por mês e gasto onze mil reais por mês, eu sou mais pobre do que minha ajudante doméstica que ganha apenas mil reais por mês, economiza trezentos reais por mês e já tem uma poupança de mil e quinhentos reais.

O segredo não é tanto quanto você ganha, mas sim quanto você é capaz de economizar para poder alcançar sua independência financeira. **Essa é a chave de acumular riqueza.**

A definição de "independência financeira" significa não ter dívida alguma, ter dinheiro para suprir suas necessidades diárias e ter uma reserva para possíveis emergências.

Para ser rico, você precisa primeiro ser **independente financeiramente**. E é por isso que nesse passo você faz um levantamento de quanto gasta e de quanto já gastou, ou seja, de quanto você deve.

É importante chegar nesse acordo de que a independência financeira é alcançada quando você "não deve nada para ninguém". Isso quer dizer, a casa está paga, o carro está quitado e não temos dívida no cartão de crédito. Uma vez que você é independente financeiramente, você passa a acumular recursos financeiros para ser rico.

Isso não significa que você vai abrir mão por completo de TODAS as coisas divertidas até conseguir quitar a casa e o carro. O que você vai precisar fazer é ESCOLHER quais gastos você está disposto a eliminar ou diminuir para ser rico.

Falaremos mais sobre isso no próximo passo. Lembre-se que TUDO o que vale a pena na vida vai requerer esforço e dedicação.

Concluindo o terceiro passo. Some todos os gastos mensais. Some todas as suas dívidas. Anote no seu caderno da seguinte forma.

"Eu gasto esse valor por mês....

"Eu devo esse valor no presente momento...

Vamos ao quarto passo.

Passo 4: Crie Seu Plano de Ação - parte 1

O primeiro passo é saber porque você quer ser rico.
O segundo passo é saber quanto dinheiro você tem.
O terceiro passo é saber quanto você gasta e quanto você deve.
O quarto passo é criar seu plano de ação.

Nesse passo você começa a tomar decisões que vão colocá-lo mais próximo do seu objetivo de ser rico. Aqui é onde você começa a mudar os seus hábitos antigos e adotar novos hábitos que vão garantir o seu sucesso. Seu plano de ação vai requerer escolhas, esforço, dedicação e disciplina para alcançar seu objetivo de ser rico.

O seu plano de ação deve incluir os seguintes objetivos relacionados abaixo.

1.Ter mil reais na poupança. Para reduzir o estresse emocional e a preocupação diária com (a falta) de dinheiro, você precisar ter uma pequena reserva. Mesmo que você não tenha uma conta poupança, acumule e guarde um mil reais. Ter essa pequena quantia guardada é o começo da sua fortuna.

2.Pagar o que você deve no cartão de crédito, no cheque especial e/ou o que comprou à prestação. Seu plano deve incluir quitar TODAS as dívidas de cartão de crédito ou pagamentos à prestação. Não estou falando do carro e da casa.

Estou falando de objetos menores tais como eletrodomésticos, computadores, telefone, roupas, viagens e outros. Se você não tem dívida no cartão, ótimo. Você está um passo mais perto de ser rico.

3.Não fazer novas dívidas no cartão de crédito. Você pode usar seu cartão de crédito só – e somente só – se puder pagar o valor total da fatura. Nada de parcelar em três ou doze vezes no cartão. Comece a ter a disciplina de pagar pelas suas compras sem ter que parcelar. O problema com a prática de parcelar as compras é que você não sabe o dia de amanhã.

Você não sabe se vai ter saúde, emprego ou recursos financeiros para pagar a parcela que vai vencer daqui a seis meses. Então, para ser rico, pague no cartão somente o que você já tem dinheiro no banco para pagar hoje – sem dividir em parcelas. Quando a fatura do cartão chegar, page o valor total da fatura.

Por exemplo, vamos dizer que você quer comprar um sapato que custa quinhentos reais, mas você não tem o dinheiro no banco para pagar esse valor. O que você deve fazer é economizar um pouco a cada mês, juntar os quinhentos reais, e só então comprar e pagar o sapato. Com esse hábito, você vai aprender a esperar. O hábito de esperar traz perseverança no presente para alcançar um resultado melhor no futuro.

Posso ouvir você dizer, "mas se for assim, eu não vou ter nada." Vamos conversar mais sobre isso daqui a pouco. Por enquanto confie nesse processo, pois ele funciona se você colocá-lo em prática.

4.Ter um fundo de reserva de três meses, no mínimo. Agora que você já sabe o valor das suas despesas mensais, é uma boa idéia ter um fundo de reserva no valor de pelo menos três vezes o que você gasta mensalmente. Esse fundo de reserva pode ser usado no caso de você perder seu emprego, por exemplo. Essa reserva também garante seu padrão de vida enquanto você procura e encontra outro emprego.

5.Quitar a casa e o carro. Verifique se o financiamento do carro e da casa permite que você pague um pouco mais a cada mês <u>para reduzir o valor principal da dívida, também chamado "saldo devedor".</u> Parte da mensalidade que você paga, cobre os juros e a outra parte reduz o saldo devedor. Se você pagar trezentos reais a mais por mês (ou mesmo que seja cem reais a mais por mês) para reduzir o valor principal da sua dívida, você vai quitar sua casa ou seu carro muito mais rápido.

Telefone para o banco que financia sua casa e pergunte: "Eu quero terminar de pagar minha casa mais depressa. Eu quero pagar trezentos reais a mais todo mês para reduzir o saldo devedor da minha dívida. O que eu preciso fazer?" Tenha a mesma conversa com a empresa que faz o financiamento do seu carro.

Se a pessoa disser que você não pode fazer pagamentos adicionais para reduzir seu saldo devedor principal, peça que ela mostre onde está essa cláusula no documento do financiamento. Pode ser que a pessoa que está atendendo você não seja bem informada a respeito do assunto e está dizendo que você não pode pagar a casa mais depressa porque essa é a resposta mais fácil para ela.

Ao fazer pagamentos para reduzir o saldo devedor principal, você pagará esses bens mais rapidamente e vai liberar mais recursos financeiros para alcançar sua meta de ser rico.
 "Mas onde vou arrumar dinheiro pra fazer isso tudo?" – posso ouvir você perguntando. Essa foi a mesma pergunta que eu fiz quando estava passando por esse processo. Eis a resposta. E aqui começam as escolhas.

Volte ao terceiro capítulo e analise novamente seus gastos. Analise seus hábitos também. Você vai ao restaurante toda semana? Você precisa ir ao restaurante toda semana? Você vai ao salão de beleza toda semana? Você precisa ir ao salão de beleza toda semana? Você viaja duas vezes por ano? Você precisa viajar duas vezes por ano?

Comece a identificar quais despesas você pode diminuir ou eliminar completamente. É assim que você vai arrumar dinheiro para guardar os primeiros um mil reais, quitar as dívidas de cartão de crédito, fazer um fundo de reserva e terminar de pagar a casa e o carro.

Você vai alcançar sua independêndia financeira e vai alcançar seu objetivo de se rico dando um passo de cada vez. Sim, é possível. E o processo é simples! Veja que eu não falei fácil. Eu falei **simples**.

O processo para perder peso é simples – tenha uma nutrição saudável e faça exercícios. O processo para aprender a falar um idioma diferente é simples – estude e pratique. O processo de ser rico é simples – pague suas dívidas e gaste menos do que você ganha.

Ser saudável, falar um idioma fluentemente e ser rico são objetivos de pessoas que querem ser bem-sucedidas e consequentemente - como já falamos antes - esses objetivos vão requerer esforço e dedicação.

Você vai precisar decidir que quer ser rico e não mudar de ideia. Você vai precisar lembrar – todos os dias – que ser rico é um objetivo importante para você e por isso suas novas decisões, hábitos e escolhas do dia-a-dia vão refletir esse compromisso. Fazendo essas escolhas no dia-a-dia é como você começa a se tornar uma pessoa diferente.

Se você continua com os mesmos hábitos de sempre, você vai continuar a ter os mesmos resultados de sempre. Para ter um resultado diferente, você precisa mudar, precisa fazer escolhas diferentes e ter hábitos diferentes.

Não se assuste. Você não vai virar o Tio Patinhas que só sabe guardar dinheiro e não sabe desfrutar dele. Esse processo, apesar de não ser fácil, é bem divertido, pois você vai poder ser criativo nas decisões que estão à sua frente – tanto as decisões para guardar dinheiro quanto as decisões para gastar bem seu dinheiro. Lembre-se de que esse processo funciona se você executá-lo.

Escolha quais despesas você vai reduzir ou eliminar do seu orçamento. Você é quem vai escolher quais os recursos financeiros quer liberar para investir no seu objetivo de acumular riqueza.

Aqui estão alguns dos gastos que eu eliminei do meu orçamento:

Ao invés de ter serviço de TV a cabo, optamos por Netflix
Ao invés de fazer uma viagem por ano, resolvi viajar a cada dois anos
Reduzi o gasto com presentes para amigos e parentes
Cortei itens caros da lista de supermercado e passei a comprar os que estavam em promoção
Decidi comer em restaurante uma vez por mês ao invés de uma vez por semana
Cortei a mensalidade da academia e passei a fazer exercícios em casa
Aprendi a cortar o cabelo dos meus filhos e economizei o dinheiro do salão
Resolvi fazer as unhas na manicure uma vez a cada duas semanas ao invés de toda semana

Eu escolhi fazer essas mudanças. Eu decidi que esses gastos não eram tão importantes para mim. Eu decidi que o meu objetivo de ser independente financeiramente era mais importante do que o prazer que esses gastos me proporcionavam. Mesmo assim, durante o processo de acumular riqueza, eu ainda viajei, diverti, presenteei e desfrutei das coisas que o dinheiro pode comprar. Eu não parei de viver bem, comer comidas gostosas, assistir filmes legais e comprar uma roupa nova quando precisei. É assim que você vai conseguir chegar onde quer – fazendo escolhas conscientes sobre cada gasto.

Leia a lista das suas despesas e decida quais gastos você vai reduzir ou eliminar. Decida quais hábitos você vai mudar para alcançar os cinco objetivos no seu plano de ação. Quando você tentar decidir quais gastos eliminar ou reduzir, use essas tres perguntas abaixo:

A primeira pergunta é: "Esse item na minha lista de despesas é uma necessidade ou um luxo? Eu REALMENTE preciso disso?" Tenho certeza que você vai encontrar várias despesas que não são necessidade. Decida quais gastos você vai eliminar.

Por exemplo, pagar mensalidade de academia é uma necessidade ou um luxo? Ter um iPhone é um luxo ou uma necessidade? Pagar aulas de piano é um luxo ou uma necessidade? Ter uma ajudante doméstica todos os dias é um luxo ou uma necessidade?

Se você é casado, converse com seu cônjuge e decidam juntos. Decidam juntos quais gastos eliminar ou reduzir. Decidam juntos quais novos hábitos vocês irão desenvolver e quais velhos hábitos vocês irão abandonar.

A segunda pergunta é: "Como posso reduzir o quanto gasto com as despesas que são necessidade?"

Por exemplo, os gastos com supermercado são necessários. Mas ao invés de comprar sorvete toda semana, decida comprar sorvete uma vez por mês e consumir mais frutas como sobremesa. Veja como seus hábitos vão mudando você para melhor. Além de você reduzir a conta do supermercado, você também melhora sua saúde, consumindo frutas ao invés de sorvete.

O exemplo acima é um exemplo simples, assim como esse processo. Coloque-o em prática e veja os bons resultados.

A terceira pergunta é: "Eu gosto mais do dinheiro no meu bolso ou prefiro ter o meu bolso vazio e pagar por esse produto/serviço que NÃO é uma necessidade?"

As pessoas que realmente querem ser ricas, vão preferir o dinheiro no bolso ao invés de ter o bolso vazio.

Essas perguntas vão ajudá-lo a decidir o que reduzir e o que cortar do seu orçamento. Essas três perguntas também vão ajudá-lo a tomar decisões que vão colocá-lo mais próximo do seu objetivo de ser rico.

Se você analisar seus gastos usando essas três perguntas e não estiver disposto a eliminar ou reduzir nenhuma das suas despesas atuais, pare de ler esse livro, pois você não será bem-sucedido nesse processo.

O veredito é que você não quer ser rico. Na verdade, o que você quer é ter mais dinheiro para gastar – assim como o Michael Jackson. Essa é uma decisão pessoal e não jugo você por isso. Hora de fechar esse livro e ir assistir televisão.

Por outro lado, vamos dizer que você resolveu cortar o serviço de TV a cabo. Use o dinheiro que era usado para pagar a TV a cabo para guardar os primeiros um mil reais. Se você já tem esse valor guardado, use o dinheiro para pagar as dívidas de cartão de crédito. Se você não tem dívidas de cartão de crédito, comece seu fundo de reserva para cobrir três meses de despesas mensais. Se você já tem esse valor guardado para o fundo de reserva, comece a quitar a casa ou o carro.

Use o dinheiro que você vai liberar na ordem estabelecida acima.

Se você já alcançou todos esses objetivos, parabéns! Mesmo que você não se sinta rico, você definitivamente é independente financeiramente. Seu objetivo é alcançar aquele número que vai fazer você sentir-se rico. Sem problemas.

Continue lendo esse livro, pois o processo continua tanto para você quanto para aqueles que ainda não são independentes financeiramente.

Veja abaixo mais exemplos de despesas que outras pessoas cortaram para alcançarem o sucesso financeiro. Algum deles resolveram:

Vender o carro e comprar um outro mais barato
Fazer o serviço doméstico e não ter uma ajudante doméstica todos os dias
Vender jóias e outros ítens de valor para pagar a dívida de cartão de crédito
Fazer trabalhos artesanais para presentear amigos e parentes

Um amigo meu que queria pagar a dívida do carro mais rápido, resolveu vender os tickets refeição e usar esse dinheiro para reduzir o saldo devedor do carro. Ele almoçava sanduíche que levava de casa todos os dias até conseguir pagar o carro. Quando ele pagou a última parcela, ele comemorou indo almoçar no seu restaurante predileto. O processo é simples, mas requer esforço.

Os primeiros cortes nas despesas podem ser difíceis, mas com o passar do tempo você vai constatar que os luxos eliminados não fazem tanta falta. Quando você bebe água ao invés de refrigerante, seu corpo aprende a gostar de água mais do que de refrigerante. Quando você modifica seus hábitos e começa a completar seus objetivos nesse plano de ação, você começa a ver os resultados do seu esforço e isso vai lhe dar mais motivação para continuar.

Dê mais valor em alcançar sua independência financeira do que em impressionar outras pessoas com uma superficial aparência de riqueza. Não se importe com o que os outros vão pensar quando você começar a modificar seus hábitos a respeito de poupar e de gastar.

Se você não tem dívidas – incluindo a casa e o carro – e tem um fundo de reserva, parabéns! Você é independente financeiramente e pode continuar construindo seu patrimônio para ser rico. Vamos ao plano de ação parte 2.

Passo 4: Crie Seu Plano de Ação - parte 2

Na parte 2 do seu plano de ação para ser rico, seus esforços devem ser usados para:

1. Aprender o máximo possível a respeito de investimentos,
2. Aprimorar suas habilidades como administrador do seu dinheiro e
3. Procurar (e encontrar) oportunidades para ganhar mais recursos financeiros.

Como aprender a respeito de investimentos? Sou muito agradecida por viver na época de hoje onde é muito simples (e também fácil) encontrar informação a respeito de qualquer assunto.

Há muitas opções de investimento tais como investir em imóveis que você pode alugar ou vender, comprar ações na bolsa de valores, começar seu próprio negócio, subsidiar alguém que está iniciando seu próprio negócio em troca de uma participanção nos lucros, investir em mercados internacionais, etc.

Leia e informe-se a respeito das opções de investimento e decida quais são as mais atraentes para você. Reserve pelo menos três horas semanalmente para aprender a investir seu dinheiro. Pergunte a alguém que já é bom investidor. Peça a essa pessoa para te ensinar. Leia blogs, livros, assista tutoriais no youtube, converse com o gerente do seu banco, etc.

Importante: Não invista seu dinheiro em algo que você não entenda ou em algo que pareça "bom demais para ser verdade." Só coloque seu dinheiro em um investimento depois de aprender sobre o assunto e saber os detalhes dos riscos e dos benefícios do investimento. Fuja das "oportunidades" para ganhar dinheiro "fácil e rápido" – pois isso simplesmente não existe.

Onde você vai arrumar tempo para aprender a investir?

Acorde mais cedo ou durma um pouco mais tarde. Desligue a televisão na hora da novela. Só entre no Facebook depois de completar sua pesquisa sobre investimentos financeiros. Use seu tempo com sabedoria para que você possa aprender a cuidar bem do seu dinheiro.

O autor Zig Ziglar diz que nosso tempo é mais valioso do que dinheiro, pois o dinheiro você pode ganhá-lo novamente se o desperdiçar, mas o tempo, uma vez desperdiçado, você não o consegue de volta.

Minha rotina depois que chego do trabalho consiste em dar atenção à minha família e assistir pelo menos um tutorial no youtube que me ajuda a alcançar meus objetivos pessoais e profissionais. Faça o mesmo.

Use seu tempo para as coias importantes tais como adquirir e cuidar bem dos recursos financeiros para cuidar da sua família e para ajudar ao próximo. Se você cuidar bem do seu dinheiro, ele vai cuidar bem de você, tanto agora como no futuro. Coloque como prioridade pessoal aprender a investir. O seu presente e o seu futuro dependem disso.

Como você pode aprimorar suas habilidades como administrador do meu dinheiro?

Uma vez que você aprendeu a investir seu dinheiro, invista. Não adianta só saber. É preciso fazer. Os médicos sabem de todos os riscos da obesidade. Por que então temos médicos gordos? Porque eles só sabem que precisam perder peso, mas não o fazem.

Depois de aprender sobre o assunto, você ainda não se sentir confiante em investir, comece investindo pouco até que você tenha mais confiança e certeza de que está investindo bem. Comece aos poucos e dê um passo de cada vez.

Como você encontrar oportunidades para ganhar mais dinheiro?

Aprimore suas habilidades profissionais. Faça um levantamento das suas habilidades e aprenda aquela "habilidade chave" que vai fazer você ser um profissional melhor na sua área. Depois que você melhorar suas habilidades, procure um novo emprego. Assim que a oportunidade para um novo emprego aparecer, peça um aumento ao seu chefe atual. Se seu chefe atual não quiser te dar um aumento, mude de emprego.

Profissionais que mudam de emprego a cada três ou quatro anos recebem um aumento maior no novo emprego do que se ficassem na mesma empresa onde estão atualmente.

Outra vantagem com a mudança de emprego é que você vai aprender sobre outra empresa e talvez sobre outro ramo de negócios. Esse aprendizado vai fazer de você um profissional ainda melhor. E daqui a três anos, quando você estiver pensando em mudar de emprego novamente, você vai receber uma oferta salarial ainda maior.

Invista seu tempo em aprender a investir seu dinheiro e em aprimorar suas habilidades profissionais. Esses novos hábitos vão trazer resultados financeiros positivos para você.

Outra oportunidade para ganhar mais dinheiro é encontrar um segundo trabalho. Descubra uma maneira de usar o que você gosta de fazer para ganhar dinheiro. Aqui é onde você pode ser criativo. Desde serviços de programação à serviços de organização de guarda-roupas, não há limite para o que você pode fazer. E não existe vergonha em ter um segundo emprego que gera uma renda adicional, especialmente porque a escolha de fazê-lo é sua.

Em suas palestras, o autor Dave Ramsey conta como muitas pessoas decidiram usar suas habilidades para ganhar mais dinheiro.

Ele conta sobre uma mãe que escolheu trabalhar meio período enquanto seu filho era pequeno. No tempo livre, ela resolveu usar suas habilidades e cuidar de outras crianças cujas mães trabalhavam fora. Assim, ela não só garantiu amiguinhos para seu filho como também ganhou dinheiro fazendo o que gosta.

Uma moça que ama produtos de beleza, resolveu vender produtos importados pela internet. Uma pessoa que tinha uma máquina de cortar grama, resolveu fazer serviços de jardinagem para familiares e amigos. Outra pessoa com habilidades culinárias, resolveu fazer bolos decorados para aniversários. Um rapaz que já tinha um trabalho de programador, dava consultoria de automação para pequenas empresas.

O que você pode fazer com suas habilidades? Leia o meu próximo livro "A Arte de Poupar e de Ganhar" para ver mais exemplos e ideias sobre o que você pode fazer para ganhar dinheiro com suas habilidades.

Outra forma de ter mais dinheiro é desenvolver o hábito de gastar menos. Se você gasta menos, então você tem mais recursos para investir.

Para desenvolver esse hábito de gastar menos, faça o seguinte: toda vez que você precisar comprar alguma coisa, pergunte à si mesmo: "como posso alcançar, fazer, ter ou conseguir o que estou precisando com custo zero?"

Por exemplo, se você precisa ir à uma festa e não tem um terno ou vestido chique, pergunte-se: "como posso conseguir uma roupa bonita com custo zero?"

Seu cérebro vai começar a formular soluções que você pode colocar em prática. Por exemplo, você pode pedir um vestido emprestado para uma parente ou amiga. Você pode fazer um vestido ou modificar uma roupa que já tem. Você pode comprar um vestido usado e gastar bem pouco. Você pode alugar um vestido para o evento. Você pode comprar acessórios que complementam uma roupa que já é sua. Você pode procurar outras soluções na internet e aprender como outras pessoas conseguiram solucionar esse problema.

Quando você considera soluções de baixo custo, você treina seu cérebro a elaborar soluções de baixo custo antes de gastar. Minha família ri de mim, pois toda vez que alguém diz "preciso comprar..." eu respondo "como podemos resolver isso com custo zero?" Faça o mesmo e veja como você vai se tornar mais mais criativo.

O motivador Toni Robbins diz que sua mente vai sempre responder a pergunta que você fizer. Saber disso é importante porque você pode fazer a si mesmo perguntas certas que vão colocá-lo mais próximo do seu objetivo.

Por exemplo, se você pergunta "por que eu não tenho dinheiro?", seu cérebro começa a responder a pergunta para você. Algumas das respostas pode ser "porque você não tem um emprego bom, porque você nasceu pobre, porque o governo é corrupto, porque seu negócio foi um fracasso, etc.".

Nenhuma dessas respostas coloca você mais perto do seu objetivo. Mas se você pergunta "como posso captar, ganhar, ter mais dinheiro?", seu cérebro vai responder essa pergunta para você. Algumas das respostas podem ser: "vou eliminar esse gasto, vou vender isso ou aquilo, vou prestar esse serviço, vou aprimorar minhas habilidades profissionais, vou terminar minha faculdade, vou prestar um concurso, vou alugar esse quarto desocupado da minha casa para um estudante, etc."

É importante fazer perguntas que vão gerar soluções e sucesso. Não pergunte **por que,** pergunte **como**. O autor Brian Tracy ensina em seus livros e cursos que uma vez que você decide o que quer alcançar, a única coisa que você pergunta é "**como**".

Como posso pagar minhas dívidas? Como posso juntar meu fundo de reserva? Como posso fazer o meu primeiro investimento? Como posso acumular um milhão?

Esse exercício de fazer as perguntas certas, funciona para outros objetivos também. Por exemplo, ao invés de perguntar "por que meu cônjuge é tão difícil?", pergunte "como posso melhorar meu relacionamento com meu cônjuge?"

Ao invés de perguntar "por que me sinto tão cansada ao final do dia?", pergunte "como posso ter mais energia ao final do dia?" Ao invés de perguntar "por que estou tão gordo?", pergunte "como vou perder esse sobrepeso?"

Escute como sua mente vai responder essas perguntas para você. Anote a resposta e execute.

E isso nos leva ao quinto passo.

Passo 5: Execute Seu Plano de Ação

O primeiro passo é saber porque você quer ser rico.
O segundo passo é saber quanto dinheiro você tem.
O terceiro passo é saber quanto você gasta e quanto você deve.
O quarto passo é traçar seu plano de ação.
O quinto passo é executar o seu plano de ação, porque saber
só, não adianta. Precisamos fazer.

Não existe segredo. O quinto passo é simplesmente colocar em
prática o que você planejou.
Aqui vão algumas dicas que vão ajudá-lo a executar seu plano
de ação.

1.Faça uma cópia do que você anotou no primeiro passo.
Coloque essa cópia onde você pode ver todos os dias. Leia seu
objetivo diariamente. Pregue uma cópia na porta da geladeira,
outra no seu espelho do banheiro e outra na porta do seu
quarto. Isso vai ajudá-lo a manter o foco no seu plano.

2.Comemore quando você conseguir completar cada um dos
passos do seu plano de ação – parte 1. Planeje como você vai
comemorar quando conseguir guardar os primeiros mil reais,
quando conseguir pagar todas suas dívidas de cartão de
crédito, quando conseguir quitar a casa e o carro. Comemore
sua disciplina e perseverança para executar a primeira parte
do seu plano de ação, pois esse é um momento muito
importante – viver sem dívidas é uma alegria! Comemore!

3.Anote seu progresso. A cada dois ou três meses, verifique seus hábitos e seus gastos. Converse com sua família para confirmar que eles continuam comprometidos com o objetivo de acumular riqueza. Converse sobre os investimentos que você aprendeu. Converse sobre investimentos que você está pensando em fazer. Converse sobre o que vocês podem fazer como família para alcançar juntos sua definição pessoal de ser rico.

4.Desfrute do seu dinheiro. Planeje com sua família como vocês vão viajar, divertir, e presentear os que vocês amam. Mas não seja como o Michael Jackson que gastou tudo o que ganhou. Como conversamos anteriormente, a pessoa que gasta tudo o que tem, vive a **aparência de riqueza**, mas na verdade é pobre.

Pessoas capazes de acumular riquezas são aquelas que não tem necessidade de mostrar seu poder aquisitivo através de carros de luxo, relógios de ouro e roupas de marca. São aquelas que vivem um estilo de vida simples e que não precisam de bens materiais para serem felizes. São aquelas que tem dinheiro suficiente para comer fora todos os dias, mas o fazem duas vezes por mês, por escolha própria.

5.Ajude outros ao seu redor. Esse é um ótimo conselho dado pelo autor Dave Ramsey para que você não se torne escravo do seu dinheiro. Use-o para ajudar outras pessoas ao seu redor. Ajude a pagar os materiais escolares de um estudante, ajude alguém que está passando por dificuldades, colabore com uma instituição sem fins lucrativos. Procure na sua igreja ou na creche local e você vai encontrar oportunidades para ajudar pessoas passando necessidade.

6.Ensine esse processo para outras pessoas. Converse com outras pessoas sobre o processo descrito nesse livro. Ensine a outros o que você aprendeu. Você não precisa dar detalhes de quanto ganha, quanto deve ou quanto quer guardar. Apenas pergunte: "você já ouviu falar que existe um processo para ficar rico?" e veja para onde a conversa vai. Recomende esse livro para os que se interessarem no assunto.

7.Procure e ache na internet tudo o que você precisa saber sobre economizar e investir. Entre na www.amazon.com.br e digite "ficar rico". Você vai achar pelo menos 30 livros sobre o assunto. Entre no www.google.com.br e digite "ficar rico" e você vai ter acesso a muitos artigos, blogs e vídeos sobre educação financeira. Faça uso desses recursos.

8.A cada noite, antes de dormir, tire dez minutos para ser agradecido pelas coisas boas na sua vida que não dependem de dinheiro, tais como ter um cônjuge fiel, filhos inteligentes, amigos verdadeiros, saúde perfeita e ter uma família que ama você.

O autor Zig Ziglar diz que dinheiro pode comprar uma casa, mas não te garante um lar. Dinheiro pode comprar um cônjuge, mas não um companheiro. Dinheiro pode comprar uma cama aconchegante, mas não te garante uma boa noite de sono. Dinheiro pode comprar um lindo relógio, mas não pode comprar tempo. Saiba ser agradecido por todas as coisas boas da vida que o dinheiro não pode comprar.

Essas dicas vão ajudá-lo a executar seu plano de ação no dia-a-dia. Mais uma vez digo que o processo é simples, mas só funciona se você:

1.Souber por que você quer ser rico.
2.Souber quanto você ganha.
3.Souber quanto você gasta e quanto você deve.
4.Criar seu plano de ação.
5.Executar seu plano de ação.

Quero terminar esse livro com uma experiência contada por Dave Ramsey.

Depois de tentar por muito tempo, Dave conseguiu marcar uma reunião com um bilionário. Para a reunião, ele levou um caderninho e uma caneta, pois ele iria anotar cada conselho dado pelo bilionário.

A uma certa altura da conversa, o bilionário disse que leu um livro o qual o ajudou muito a acumular o patrimônio que ele tinha. Dave ficou super animado. Já com a caneta na mão, Dave pensou: "Que livro é esse? Que livro é esse? Esse livro também vai me ajudar! Eu vou ler esse livro hoje mesmo!"

Daí o bilionario disse "o livro é *A Tartaruga e a Lebre*. Me encanta como a tartaruga indo devagar e sempre consegue vencer a corrida contra a lebre. Acumulei meu patrimônio assim – devagar e sempre. E toda vez que penso em ideias muito arriscadas, me lembro da tartaruga".

O resumo do que o bilionário queria dizer é que acumular riqueza é um processo que é alcançado um passo de cada vez, com as decisões do dia-a-dia, sempre pensando em como as decisões de hoje influenciam os resultados do amanhã.

Siga esse processo. Seu esforço será recompensado com o resultado alcançado. Comece já e alcance, como muitos outros que seguiram esse processo, o seu objetivo de ser rico.

Sua opinião

Obrigada por ler esse livro e por aprender sobre os cinco passos essenciais para ser rico. Sua opinião é importante e eu gostaria de receber sua avaliação no site www.amazon.com.br

Leia também meu próximo livro – A Arte de Poupar e de Ganhar – onde dou mais ideias e exemplos de como usar sua criatividade para poupar e para ganhar mais dinheiro.

Mais uma vez, muito obrigada. Nos veremos em breve.

www.ingramcontent.com/pod-product-compliance
Lightning Source LLC
Chambersburg PA
CBHW071552170526

45166CB00004B/1651